ÁMiGOS

NIVEL 1

rei america inc.
ESL/Spanish/Bilingual Publishers

Chief Editor, Mario E. Hurtado

Design, Agustín R. Fernández

Illustrations, Guido Betancourt, pages 75, 81; Lázaro
       Fresquet, pages 61, 91; Elena León, pages 41,
       42, 53, 55, 59, 60, 63 65, 66, 71, 76, 78, 83, 92.
       Balance of pages by Agustín R. Fernández

Writers, Denise Mesa
      Noevia Miranda

contenido

1 ¡Hola! ¡Buenos días!

¡Hola! ¿Cómo se llama?

¿Qué es?

5 ¡Hola! ¿Dónde está?

 # ¡Hola! ¡Un poco más!

Arcoiris al amanecer, agua al anochecer

Buenos días, Tom.

Buenos días, Ana.

Buenas tardes.

Buenas tardes, Ana.

Buenas noches, hija.

Buenas noches, mamá.

Manzanita del Perú, ¿Cómo te llamas tú?

"Centros de interés del salón"

1 Mi salón de clase

¿Qué hay en el salón de clase?

2 Mi salón de clase ....

¿Niño o niña?

3 Mi salón de clase

¿Dónde estoy?

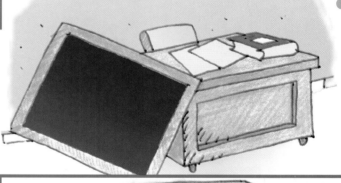

4 Mi salón de clase

¿Qué quieres?

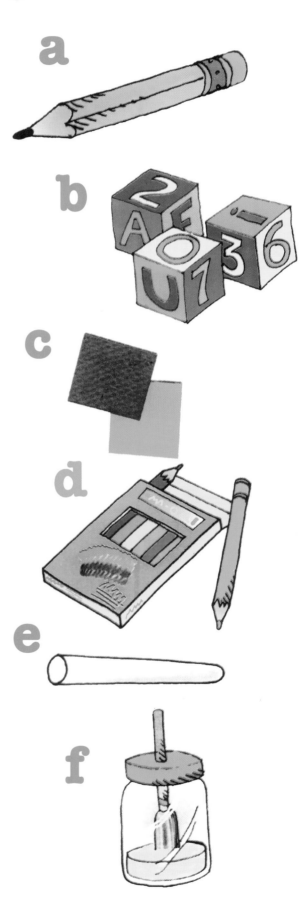

Mi salón de clase

EL que
algo quiere,
algo le cuesta.

Camina con la cabeza
y no tiene
pereza.

¿Quién eres tú?   Yo soy

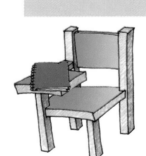

¿Quién eres tú?
Yo soy Mary.

¿Qué quieres tú?   Yo quiero

¿Dónde está mi cuaderno?
Está en tu pupitre.

¿Dónde está Tita?

¡Estoy escondida!

Jugamos y Trabajamos . . . .

De colores/Los pollos de mi cazuela

En el parque

5 Jugamos y Trabajamos

¡A jugar y a trabajar! ·

Gallo cantor,
acaba en el asador.

Un palito
muy
derechito,
y en la
cabeza un
sombrerito.

Ana,
¿de
dónde
eres tú?

Yo soy de Estados Unidos

Pedro,
¿de
dónde
eres
tú?

Yo soy de México

Lola,
¿de
dónde
eres
tú?
Yo
soy
de España.

Celia, ¿de
dónde
eres
tú?
Yo
soy
de Cuba.

Wilfredo, ¿de dónde
eres tú? Yo soy de
Puerto Rico.

Mi familia

La familia

Tengo una muñeca/Este niño lindo

Rojo, azul y amarillo

1

2

3

4

5

6

La familia

Oveja que bala, pierde bocado.

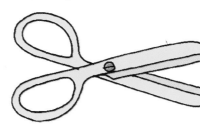

Soy una cosita que anda al compás, con las patas por delante y los ojos por detrás.

¿Cómo eres tú?

Yo soy buena.

¿Cómo eres tú?

Yo soy malo.

Uno, dos y tres. ¡Qué paso más chévere! ¡Qué paso más chévere! El de mi conga es.

Mi barrio

¿Dónde vivo?

Ana

Fred

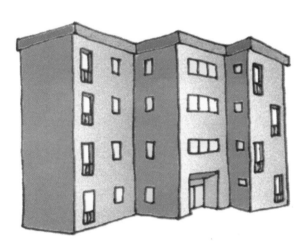

Bill

Mary

Mi barrio

¿Qué hacen?

Mi barrio

Mi ropa favorita

4 Mi barrio

¡Qué colores!

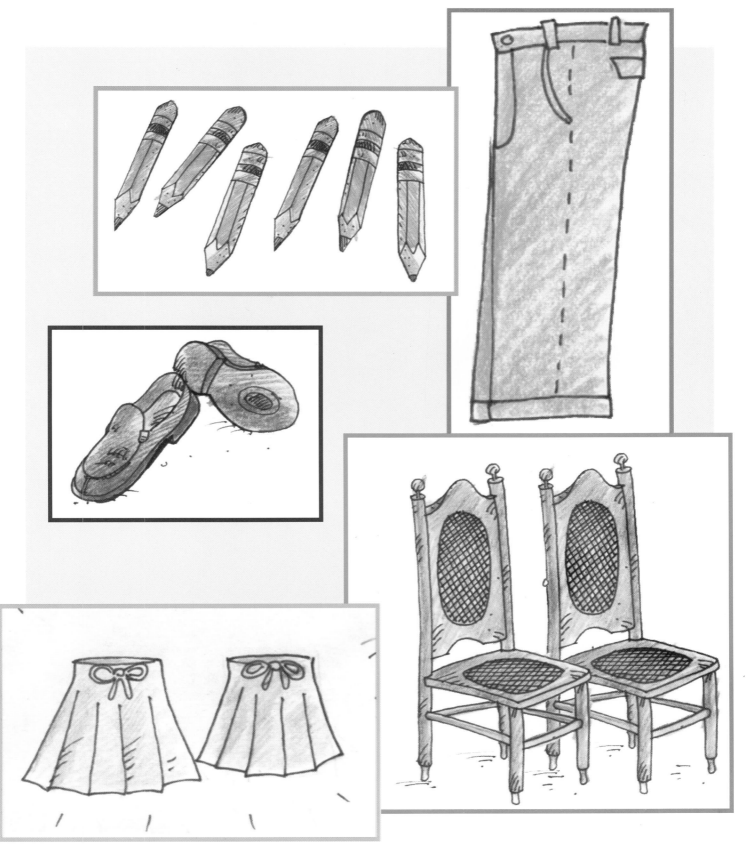

Uno tiene la fama y otro lava la lana.

A pesar
de tener
patas yo no me puedo mover,
llevo a cuestas la comida y
no la puedo comer.

Pío, pío, pajarito
¿A dónde vas
tan bonito?

A la sala de
espera, pin, pon,
fuera.

"Hogar, dulce hogar"

Ricitos de oro

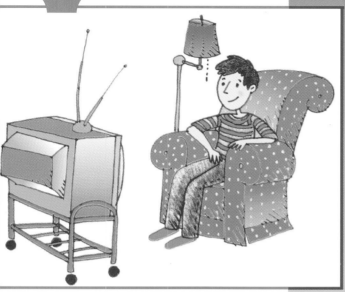

"Hogar dulce hogar"..........
Mis sentimientos

Ricitos de oro

5 "Hogar, dulce hogar"
Ricitos de Oro

"Hogar, dulce hogar"............

¡Un poco más!

Mirar y no tocar, se llama respetar

① Mis cosas favoritas

¡A mí me gusta todo!

1

Tom

2

Mary

Bill

3

4

Fred

Ana

5

Ben

6

Mis cosas favoritas..............
¡Tengo tanto que hacer!

3 Mis cosas favoritas...........
Caperucita Roja

Caperucita Roja

Caperucita Roja

Buenos días, abuelita, ¿Cómo estás?... ¡Ay, abuelita, qué orejas más grandes tú tienes!

¡Ay, abuelita, qué ojos más grandes tú tienes!

¡Ay, abuelita, qué boca más grande tú tienes!

4 Mis cosas favoritas..............
Caperucita Roja

5 Mis cosas favoritas . . . .
La familia de Paco

Soy Paco. Ésta es mi familia. Éste es mi papá y ésta es mi mamá.

Ésta es mi casa. Es grande.

Me gusta la sopa. La sopa tiene papas. Me gustan las papas.

Mi mamá pasa la sopa. Pasa la sopa a mi papá.

¿Qué pasa?
¿Dónde está mi sopa?

Paco, aquí está la sopa.
Gracias, mamá.

Mis cosas favoritas · · · · · · · · · · ·

¡Un poco más!

Ojos que no ven, corazón que no siente.

Chocolate, molinillo, corre, corre, que te pillo.

En mi cara redondita, tengo ojos y nariz, y también tengo una boca para comer y reír.

¡ACHIS!

Con mis ojos veo todo. Con la nariz hago ¡achís! Y con la boca yo como palomitas de maíz.

La Cenicienta

¡Es la hora de...!

Son las 8. Es la hora de ir a la escuela.

1

Son las 10. Es la hora de jugar.

2

Es mediodía. Es la hora de comer. Vamos a la cafetería.

3

Son las 3. Vamos a casa. Es la hora de descansar.

4

¡Es la hora de...!

¡Un poco más!

El pato de la laguna
hace "cuac, cuac"
a la una.

El gato maullando adiós
hace "miau, miau"
a las dos.

El pollito del ciprés
hace "pío, pío"
a las tres.

Las vacas del hato
hacen "muu-muu"
a las cuatro.

¡Un poco más!

El burro de brinco en brinco
hace "ji-ja, ji-jo"
a las cinco.

Y la rana que no ves
hace "croac, croac"
a las seis.

El cerdo, comiendo siempre
hace "jonk, jonk"
a las siete.

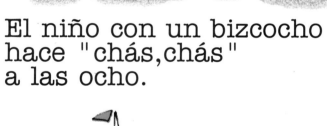

El niño con un bizcocho
hace "chás, chás"
a las ocho.

El pavo cuando llueve
hace "guru, guru"
a las nueve

¡Es la hora de...!

¡Un poco más!

El perro con rapidez
hace "guau,guau"
a las diez.

Y las campanas de bronce
hacen "tin, ton"
a las once.

Los búhos a troche y moche
hacen "uuh, uuh"
a medianoche.

Y todos juntos haremos
"cuac-cuac, miau-miau,
pio-pio, muu-muu, ji-ja, ji-jo,
croac-croac, jonk-jonk,
chas-chas, guru-guru,
guau-guau, tin-ton,
uuh-uuh".

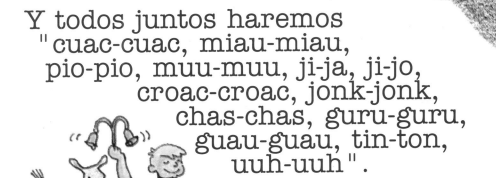

abeja

A a

burro

B b

cebra

Cc

CH ch

chimpancé

Dd
delfín

Ee
elefante

F f

foca

G g ganso

H h

hipopótamo

Ii iguana

Jj jirafa

koala
Kk

león Ll

llama LL ll

mariposa Mm

N n
nutria

Ñ ñ
ñandú

Oo

oso

perro

Pp

Qq
quetzal

Rr
rana

S s

serpiente

T t

tigre

Uu
urraca

Vv
vaca

Ww
wapiti

Xx
xiluRO

Yy
yac

Zz
Zorro

VOCABULARY

a (I-2)
al (I-4)
el armario (II-1)
ahora (II-3)
así (VII-3)
¡A dibujar! (III-3)
azul (IV-1)
amarillo (IV-1)
aquí (IV-3)
la abuela (IV-5)
el abuelo (IV-5)
el apartamento (V-1)
anaranjado (V-4)
el arroz con leche (VI-4)
el arroz (VII-2)
el agua (VIII-1)
agarrar (te) (VII-4)
el amigo (VII-4)

¡Buenos días! (I-1)
la bandeja (VIII-1)
los bloques (II-4)
el bebé (IV-5)
la blusa (V-3)
el baño (VI-1)
la bañadera (VI-1)
bueno(a) (VI-4)
blando(a) (VI-4)
la banana (VII-1)
barrer (VII-2)

la boca (VII-4)
la biblioteca (VIII-1)
beber (VIII-1)
bello(a) (VIII-2)
bravo (VIII-2)
el burro (VIII-4)
el borrador (II-4)
bailar (VIII-2)
la bolsa (IV-3)

¿Cómo estás? (I-2)
¿Cómo te llamas tú? (I-2)
¿Cómo te(se) llama(s)? (I-3)
el cuaderno (II-2)
la clase (II-3)
correr (III-1)
la caja (III-2)
las cosas (III-2)
cuatro (III-2)
cinco (III-2)
con (III-2)
¿Con qué...? (IV-1)
¿Cuántos/as? (IV-4)
la casa (V-1)
¿Cómo es? (V-1)
la comida (V-2)
los calcetines (V-2)
¿Cuál...? (V-4)
los cereales (V-5)
la cocina (VI-1)
el comedor (VI-1)
comes (VI-1)
las cortinas (VI-1)
la cómoda (VI-2)
la cama (VI-2)
contento (VI-3)

¿Cuándo? (VI-3)
cuando (VI-3)
caliente (VI-4)
la cuchara (VI-4)
la carne (VII-2)
el cuento (VII-3)
¡Caramba! (VII-3)
comer(te) (VII-4)
la cafetería (VIII-1)
el cuchillo (VIII-1)
comemos (VIII-1)
el cumpleaños (VIII-2)
el cerdo (VIII-4)
el círculo (VIII-5)
el cuadrado (VIII-5)

¿Dónde está...? (I-5)
dibujar (II-5)
detrás de (III-2)
dos (III-2)
dame (III-3)
dibujamos (IV-1)
dibujo (IV-2)
dentro de (IV-3)
diferente(s) (V-3)
el dormitorio (VI-1)
duermo (VI-1)
duermes (VI-1)
duro (VI-4)
dice (VII-5)
delante (VIII-2)
doy (VIII-3)
da (VIII-4)
las doce (VIII-5)
de (VII-5)
de quién (VII-5)

e (I-2)
él (I-3)
ella (I-3)
Él se llama... (I-3)
Ella se llama... (I-3)
Él es... (I-3)
Ella es... (I-3)
es (I-4)
el escritorio (I-4)
es la... (I-4)
Está... (I-5)
en la pared (II-2)
estoy (II-3)
la escuela (II-3)
escribir (II-5)
escribo (IV-2)
escribimos (IV-2)
eres (IV-4)
éste (IV-5)
ésta (IV-5)
el espejo (IV-1)
la estufa (VI-2)
el/la enfermo(a) (VII-3)
enseña (VIII-1)
enojado (VIII-2)
enfadado (VIII-2)
Es la hora de... (VIII-5)

la familia (IV-5)
la falda (V-3)
el fregadero (VI-2)
frío(a) (VI-4)
la fiesta (VIII-2)
frente a (al, a, la) (I-5)

Gg

gracias (I-2)
la goma de pegar (II-4)
grande (III-5)
el(los) gabinete(s) (VI-2)
guardar (VII-2)
el gallo (VIII-4)
las gallinas (VIII-4)
el gato (VIII-4)
la granja (VIII-4)

Hh

¡Hola! (I-1)
hacer (II-5)
hace (IV-2)
hay (IV-4)
el hermano (IV-5)
la hermana (IV-5)
hago (VI-1)
el helado (VII-2)

Ii

i (I-2)
el inodoro (VI-2)

Jj

jugar (II-5)
jugamos (III-4)
juego (III-5)
juegas (III-5)
los juguetes (VII-1)
jamás (VII-3)

Ll

el libro (II-4)
la (I-4)
el librero (I-4)
el lápiz (II-2)
los lápices de colores (II-4)
leo (IV-2)
la leche (V-5)
el lavamanos (VI-1)
el lavabo (VI-1)
limpiar (VII-2)
le gusta (VII-5)
leemos (VIII-1)
leer (II-5)
lavar (VII-2)

Mm

muy bien (I-2)
la mesa (I-4)
mi (II-3)

mira (III-2)
mis (III-3)
la mamá (III-1)
la(s) muñeca (s) (III-4)
mayor (IV-5)
menor (IV-5)
muchos(as) (V-1)
las medias (V-3)
morado (V-4)
la mantequilla (V-5)
me lavo (VI-1)
me siento (VI-3)
mediano(a) (VI-5)
los muebles (VII-1)
la(s) manzana(s) (VII-1)
el maíz (VII-1)
me gusta (n) (VII-1)
la(s) manzana(s) (VII-1)
me gusta(n) (VII-1)
las manos (VII-4)
malo (VII-4)
maravilloso (VIII-3)
el mediodía (VIII-5)
mejor (VII-4)

No (I-2)
No, no es (I-4)
el niño (II-2)
la niña (II-2)
necesitamos (V-3)
nuevo(s) (V-5)
nueva(s) (V-5)
la nevera (VI-2)
la(s) naranja(s) (VII-1)
no sé (VII-1)
necesita(s) (VII-3)
nada (VII-5)
nuestro(a) (VIII-1)
los números (III-2)

o (I-2)
los ositos (III-4)
el osito (III-4)
el oso de peluche (III-4)
la(s) oveja(s) (IV-4)
oir (VII-3)
los ojos (VII-4)
la oficina (VIII-1)
la olla (VIII-1)

Pepe (I-1)
la puerta (I-4)
la pizarra (I-4)
la pelota (I-4)
el pupitre (II-1)
la pared (II-2)
el papel (II-3)
el parque (III-1)
el papá (III-1)
préstame (III-3)
el papalote (III-4)
para (IV-2)
¿Para qué...? (IV-2)
por (IV-3)
pongan (IV-3)
las personas (IV-5)
los pantalones (V-3)
el pan (V-5)
el patio (VI-1)
la prueba (VI-4)
la(s) papa(s) (VII-1)
el pollo (VII-2)

el   pescado (VII-2)
       perdone (VII-3)
       ¿Por qué? (VII-4)
       porque (VII-4)
       pasa (VII-5)
la   palabra (VII-5)
el   plato (VIII-1)
el   príncipe (VIII-1)
la   princesa (VIII-3)
el   permiso (VIII-3)
los   pollos (VIII-4)
el   pollito (VIII-4)
los   patos (VIII-4)
el   pavo (VIII-4)
el   perro (VIII-4)
       pequeño (III-5)
       por favor (III-3)

la   señorita (I-1)
       sí (I-2)
la   silla (II-1)
el   suelo (piso) (II-2)
       su (II-2)
       sentarme (II-5)
el   salón de clase (III-1)
       saltar (III-1)
       son (III-2)
       sus (III-3)
       saca (IV-3)
       saquen (IV-3)
       soy (IV-4)
la   sala (IV-1)
el   sofá (VI-1)
el   supermercado (VI-3)
la   sopa de pollo (VII-3)
       señor (VII-3)
       señora (VII-3)
       Se pone... (VII-3)
       sacudir (VII-2)
la   servilleta (VIII-1)
       saltamos (VIIII-1)

       ¿Qué es? (I-4)
       quiero/quiere (II-4)
       ¿Qué quieres? (II-4)
el   queso (V-5)
       queremos (V-5)
       quiere (V-4)
       ¿Que pasa? (VII-5)
       quien (IV-4)

       regular (I-2)
       rojo (IV-1)
la   ropa (V-2)
       rota (VI-5)
       recoger (VII-2)
       recoge (VIII-4)
el   rectángulo (VIII-5)

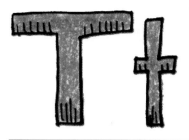

       Tita (I-1)
       (tú)te llamas (I-3)
       tú (1-3)
       también (II-1)
       tu (II-3)
la   tiza (II-4)
las   tijeras (II-4)
       tus (III-3)

tres (III-2)
trabajar (III-4)
trabajamos (III-4)
trabajo (III-5)
trabajas (III-5)
trabaja (IV-5)
tiene (V-3)
tienes (V-4)
la televisión (VI-1)
te lavas (VI-1)
triste (VI-3)
te siento (VI-3)
te sientes (VI-3)
el tazón (VI-4)
el/los tomate(s) (VII-1)
todo (VII-1)
tengo (III-3)
tienes (VII-2)
tienes que (VII-2)
el tenedor (VIII-1)
tener hambre (VIII-1)
tener sed (VIII-1)
tomar (VIII-1)
tocar (VIII-3)
toca (VIII-3)
el triángulo (VIII-5)

la ventana (I-4)
voy (IV-5)
vas (IV-5)
vivo (V-1)
vives (V-1)
vive(n) (V-2)
el vestido (V-3)
verde (V-4)
viejo(s) (V-5)
los vegetales (V-5)
veo (VI-1)
va(n) (VI-2)
vengan (VI-5)
vayan (VI-5)
ver (VII-4)
el vaso (VIII-1)
la vecina (VIII-3)
la vaca (VIII-4)

u (I-2)
uno (III-2)
un (V-I)
una (V-1)
unos (V-3)
unas (V-3)
ve a la mesa (al librero...) (I-4)

Yo me llamo... (I-1)
y (III-3)